W0183904

DIE ZEIT Klassik-Edition

DIE ZEIT Klassik-Edition
20 große Interpreten in 20 Bänden

Mit dem Besten aus der ZEIT,
u.a. mit Beiträgen von
Claus Spahn und Mirko Weber

Band 3
Elisabeth Schwarzkopf

Zeitverlag Gerd Bucerius GmbH & Co. KG

Impressum:

Herausgeber
Zeitverlag Gerd Bucerius GmbH & Co. KG
Pressehaus
Speersort 1
20095 Hamburg

Die ZEIT Klassik-Edition erscheint im Zeitverlag Gerd Bucerius GmbH & Co. KG.

Musikaufnahmen EMI Music Germany GmbH & Co. KG
Das Copyright für die ZEIT Klassik-Edition liegt beim Zeitverlag.

Redaktionsleitung Volker Hagedorn
Redaktion Maren Soehring
Bildredaktion Andy Heller
Grafische Konzeption und Einbandgestaltung Ingrid Nündel
Satz und Repro Zeitverlag Gerd Bucerius GmbH & Co. KG
Druck und Bindung GGP Media GmbH, Karl-Marx-Str. 24, 07381 Pößneck
Printed in Germany
Bildnachweis Einband, Umschlag und CD Fayer, Wien/EMI Classics, Bettmann/Corbis, Hulton-Deutsch Collection/Corbis

ISBN Gesamtreihe: 3-476-02200-5
ISBN Band 3: 3-476-02203-X

» Ein bisschen Gehirn braucht man schon zum Singen. «

ELISABETH SCHWARZKOPF

Inhalt

Nahezu alle großen Sopranistinnen seit 1950 haben Richard Strauss' *Vier letzte Lieder* nicht nur gesungen, sondern auch aufgenommen – Elisabeth Schwarzkopf sogar mehrfach. Nachdem die Hauptprobe der Uraufführung mit Kirsten Flagstad 1950 in technisch nur schlechter Qualität mitgeschnitten worden war, legte Elisabeth Schwarzkopf bereits 1953 eine erste Einspielung vor. Dieser Mono-Aufnahme folgte unter der Leitung von George Szell 1966 eine in „Stereo-Ton", die bis heute als Referenzaufnahme gilt und auf der für diesen Band neu kompilierten CD zu hören ist; weitere fünf Orchesterlieder wurden für die Edition neu zusammengestellt. Hatte die Sängerin stets behauptet, die Sopranlage mache eine genaue Wortartikulation unmöglich, beweist sie in der Praxis das Gegenteil. Ihre erstaunliche Textverständlichkeit verhilft nicht nur der Lyrik in den Orchesterliedern zu ihrem Recht, sondern bestimmt auch die Interpretation der Marschallin aus dem *Rosenkavalier*. Dies war Elisabeth Schwarzkopfs Paraderolle, die sie seit 1952 an allen großen Häusern der Welt verkörperte. 1956 entstand in London die hier zu hörende Aufnahme mit Herbert von Karajan am Pult. Als Marschallin nahm die Sängerin im Dezember 1971 auch Abschied von der Opernbühne.

Schwarzkopfs Aufnahmen – Inhalt der CD

Richard Strauss (1864–1949)
Vier letzte Lieder op. posth. (1948)

1 Frühling 3:36
2 September 5:18
3 Beim Schlafengehen 5:19
4 Im Abendrot 8:18

Fünf Orchesterlieder

5 Zueignung op. 10 Nr. 1 (1885, orchestriert 1940) 1:47
6 Freundliche Vision op. 48 Nr. 1 (1900, orchestriert 1918) 3:03
7 Das Rosenband op. 36 Nr. 1 (1897) 3:10
8 Ruhe, meine Seele op 27 Nr. 1 (1894, orchestriert 1948) 3:50
9 Morgen op. 27 Nr. 4 (1894, orchestriert 1897) 3:42

Der Rosenkavalier op. 59 (1910)

10 „Da geht er hin …"
(Marschallin – Octavian, Finale 1. Akt) 25:05
11 „Marie Theres'! … Hab mir's gelobt …"
(Octavian – Marschallin – Sophie – Faninal,
Finale 3. Akt) 12:48

Gesamtspielzeit 76:49

Elisabeth Schwarzkopf, Sopran (Marschallin) (1–11), Christa Ludwig, Mezzosopran (Octavian) (10–11), Theresa Stich-Randall, Sopran (Sophie) (11), Eberhard Wächter, Bariton (Faninal)(11); Radio-Symphonie-Orchester Berlin, George Szell (1–6); London Symphony Orchestra, George Szell (7–9); Philharmonia Orchestra, Herbert v. Karajan (10–11)

℗ 1957 (10, 11), ℗ 1966 (1–6) & ℗ 1969 (7–9) EMI Records Ltd. ·
Digital remastering ℗ 1997 (1–9) & ℗ 2001 (10, 11) by EMI Records Ltd. ·
This compilation ℗ 2006 by EMI Music Germany GmbH & Co. KG (ADD)
EMI Music Germany GmbH & Co. KG

Elisabeth Schwarzkopf – eine Biografie

Im Wien des Winters 1945/46 waren die Folgen des Krieges nicht zu übersehen – Not und Mangel bestimmten den Alltag. Eines jedoch hatte die hungernde Stadt nach wie vor im Überfluss zu bieten: Musik. So machte sich der englische Schallplattenproduzent Walter Legge auf den Weg an die Donau, um neue Künstler zu engagieren. In erster Linie hatte Legge es auf den aufstrebenden Star der Dirigentenzunft abgesehen: Herbert von Karajan. Dieser zeigte sich durchaus geneigt – und war Legge darüber hinaus behilflich, die Szene zu sondieren: „Heute Abend singt ein neuer Sopran die Rosina, so ziemlich die beste Sängerin, die wir haben, wenn nicht überhaupt im Moment die vielversprechendste in Mitteleuropa." Er meinte Elisabeth Schwarzkopf.

Bald darauf traf Legge die 30-Jährige bei einem Hauskonzert und bot ihr einen Vertrag an. Sie lehnte ab und bestand auf einem „ordentlichen Vorsingen. Ich möchte nicht, dass Sie die Katze im Sack kaufen, um es dann zu bereuen." Und danach, durchaus provokant: „Ich möchte auch nicht, dass Sie mir weniger anbieten, als Sie glauben, dass ich wert bin." Legge war anderes gewohnt: Die Stars verfolgten ihn „mit gezücktem Füllfederhalter, um alles zu unterschreiben, was ich ihnen nur vorlegen würde". So fasste der mitunter recht rabiate Brite einen folgenschweren Entschluss: *„I will give this girl hell!"* Jene Hölle fand Ende März im Musikverein statt, wo Legge die junge Sopranistin aufforderte, Hugo Wolfs *Wer rief dich denn?* darzubieten, ein Stück aus dem *Italienischen Liederbuch.* Ein gerade mal minutenlanges Lied, das es aber in sich hat, wechselt hier doch die Stimmung mitunter binnen ein und derselben Note: eine Achterbahnfahrt durch alle Gefühle zwischen wildem Trotz und grenzenlosem Herzeleid. „Ich ließ sie zwei Stunden an einem Wolf-Lied arbeiten", erinnert sich Legge. Insbesondere die Schlusszeile musste die Sängerin auf jede erdenkliche Weise wiederholen, was den anwesenden Karajan schließlich verzweifeln ließ: „Du bist ein Sadist. Kreuzige das Mädchen nicht." Legge aber widmete jener letzten Zeile noch eine weitere Stunde. Dann endlich unterzeichnete man den Vertrag.

Olga Marie Elisabeth Friederike Schwarzkopf wurde am 9. Dezember 1915 in Jarotschin geboren, einer Kreisstadt im preußischen Regierungsbezirk Posen, bekannt für ihre viel besuchten Viehmärkte. Vater Friedrich, ein Altphilologe, amtierte dort als Gymnasiallehrer. Im Elternhaus herrschte eine gediegene protestantische Bürgerlichkeit, man war den schönen Künsten durchaus zugetan. 1920 wurde Jarotschin polnisch, wenig später zog die Familie ins schlesische Liegnitz; weitere Stationen waren Breslau, Magdeburg und Cottbus. Im Alter von sieben Jahren erhielt Elisabeth Klavierunterricht, mit zehn kamen Bratsche und Orgel hinzu. Doch vor allem zeigte sich ein Talent zum Singen.

1933 siedelte die Familie nach Berlin über. Im Jahr darauf begann Elisabeth das Studium an der Staatlichen Akademischen Hochschule für Musik, wo sie bei Lula Mysz-Gmeiner lernte. Die Altistin wollte

Ein Heim im Reich: 1941 posiert Elisabeth Schwarzkopf vor einem selbst gemalten Blumenbild – und macht bereits Karriere

aus ihr gleichfalls einen Alt machen. Doch ihre Mutter merkte schon bald, dass Elisabeth stagnierte: „Mein liebes Kind, was du da machst, ist totaler Blödsinn, so kann es nicht weitergehen!" Sie erwirkte, dass ihre Tochter fortan als Koloratursopran ausgebildet wurde. 1937 bestand Elisabeth ihr Musikexamen „mit Auszeichnung". Am 13. April 1938 sang sie am Deutschen Opernhaus in Berlin vor. Man fragte sie, ob sie die Partie des zweiten Blumenmädchens in Wagners *Parsifal* studiert hätte. „Selbstverständlich!", log Schwarzkopf – und durfte die Rolle so zwei Tage später auf der Bühne singen. In der Folge engagierte sie das Deutsche Opernhaus als Nachwuchssopran auf Probe.

Während ihrer „Galeerenjahre" erwies sie sich als extrem talentiert, professionell, selbstbewusst und willensstark. Zudem war sie, nicht zu vergessen, eine äußerst attraktive Bühnenerscheinung. Andererseits zeigte sich die Jungsopranistin mitunter auch ein wenig kapriziös: So erschien sie 1939 ohne Schuhe auf der Bühne, was sie 50 Reichsmark Geldstrafe kostete, 1941 trat sie bei einer Probe mit voller Absicht ein Loch in den Bühnenhorizont. Dennoch bekam sie, was sie wollte – zunächst einen Gastspielstatus und so die Möglichkeit, auch an anderen Häusern aufzutreten. In dieser Zeit galt es außerdem mehr als nur die üblichen Karrierehindernisse zu meistern: Das Deutsche Opernhaus war direkt Goebbels' Propaganda-Ministerium unterstellt, der totale Staat griff massiv in die Künste ein. Schwarzkopf war bereits 1935 in den NS-Studentenbund eingetreten, 1938 hatte sie um Aufnahme in die Partei ersucht. Sechzig Jahre später, als dies erstmals über die Schwarzkopf-Biografie Alan Jeffersons bekannt geworden war, sagte die Sängerin, dass sie nie eine Förderung durch das Propaganda-Ministerium angestrebt habe; ob dieses von sich aus protegierend eingegriffen habe, entziehe sich jedoch ihrer Kenntnis: „Wir haben der Kunst gedient und sonst niemandem." Andererseits: „Ich bin in diese Zeit hineingeboren worden. Und ich musste meine Chance nutzen." Es hat jedoch nicht den Anschein, als habe sich Schwarzkopf über die bloße Parteimitgliedschaft hinaus politisch engagiert.

Am 23. September 1940 wurde die Sängerin der einst gefeierten Sopranistin Maria Ivogün vorgestellt. Diese nahm sie als Schülerin an, unter einer Bedingung: „Ich musste bei ihr völlig von vorne beginnen. Wir haben wirklich auf zwei Tönen angefangen; dort, wo sie den schönsten Klang entdeckte, hat sie den über die ganze Stimme

Die Leidenschaftliche und die Beherrschte: Maria Callas und Elisabeth Schwarzkopf, die Sopran-Antipoden, in den fünfziger Jahren

ausgebaut." Diese Stimme reizte auch Karl Böhm, den designierten Direktor der Wiener Staatsoper; ab Oktober 1942 kam es zu Gastspielen an der Donau, die nach den Wünschen Böhms in ein festes Engagement der Schwarzkopf münden sollten. Goebbels jedoch verfügte, dass sie ihren Berliner Vertrag erfüllen müsse – ein Konflikt, den letztendlich eine Krankheit löste: Im April 1943 diagnostizierte man Tuberkulose; der Genesungsaufenthalt in der Tatra währte bis Februar 1944. Dem im Zuge des „totalen Krieges" angeordneten Rüstungseinsatz der Künstler entging Schwarzkopf dann nur knapp. Nach Kriegsende fand sich Schwarzkopf in chaotischen Verhältnissen

Elisabeth Schwarzkopf im Studio: in der Mitte Walter Legge, Gestalter ihrer Karriere und ab 1953 ihr Ehemann, rechts Dirigent George Szell

wieder: ein improvisierter Musikbetrieb im besetzten Wien, ein kulturpolitisch mitunter undurchsichtiger Viermächtestatus, zeitweise galt für sie ein Auftrittsverbot. In dieser Situation erschien Walter Legge, der für Schwarzkopf bald mehr wurde als nur ein Produzent: Zunächst legte er sie, ihren eigenen Neigungen durchaus entsprechend, auf das Fach des lyrischen Soprans fest. Dann machte er sie mit den Segnungen des Grammofons vertraut; sie selbst hatte nie eins besessen. 1947 kam es zu eingehenden Schallplattenstudien: „Ich bildete ihre Stimme nach dem Vorbild von mindestens sechs großen Sopranistinnen heran", sagte Legge. Schwarzkopf ergänzte: „Walter plante meine Konzertprogramme, er entschied, was ich singen sollte und was nicht." Kein Wunder, dass sich die Sopranistin bald ein wenig kokett als *„Her Master's Voice"* bezeichnete. Die professionelle Partnerschaft zwischen Schwarzkopf und Legge wurde kurz darauf auch eine private: Am 19. Oktober 1953 heirateten sie. Bereits dreißig Jahre zuvor hatte Legge prophezeit, dass er einst „die schönste Sängerin der Welt" ehelichen werde.

Die Stimme dieser Sängerin war ein schimmernder, kraftvoller lyrischer Sopran, volltönend, warm und flexibel, dabei instrumental geführt, extrem variabel im Ausdruck, Textgenauigkeit und Legato vereinend. Hinzu kam Schwarzkopfs hohe musikalische Intelligenz. Ihr kontrolliertes Singen konnte aber auch künstlich wirken. 1947 debütierte sie bei den Salzburger Festspielen und am Londoner Covent Garden, die Scala kam 1950 hinzu, Bayreuth 1951. Im selben Jahr sang sie auch die Anne Trulove bei der Uraufführung von Igor Strawinskys *The Rake's Progress* in Venedig. Und dann folgte erstmals die Partie, die wie keine andere mit ihr verbunden bleiben sollte: die Marschallin in Richard Strauss' *Rosenkavalier.* Schwarzkopf war nun auf dem Zenit ihres Könnens angelangt. Bald konzentrierte sie sich auf die Bereiche, in denen sie Maßstäbe setzte. Im Liederfach beschränkte sie sich auf Wolf- und Strauss-Interpretationen; auch in der Oper sang sie nur noch wenige Rollen: Fiordiligi in Mozarts *Così fan tutte,* Donna Elvira (Mozarts *Don Giovanni),* Gräfin Almaviva (Mozarts *Le nozze di Figaro),* die Marschallin (Strauss' *Rosenkavalier),* die Gräfin (Strauss' *Capriccio)* und Alice (Verdis *Falstaff).*

Nachdem Legge 1963 seine Tätigkeit bei der EMI beendet hatte, verlegte das Paar seinen Wohnsitz von London in die Schweiz. Schwarzkopf zog sich allmählich aus dem Musikleben zurück. Im Dezember 1971 sang sie zum letzten Mal ihre Paraderolle der Marschallin. Am 19. März 1979 verabschiedete sie sich von der Liederbühne, drei Tage später starb ihr Mann. Die Präsenz der großen Sopranistin blieb bis zuletzt ungebrochen. Dafür sorgten nicht nur ihre Aufnahmen, sondern auch ihre Kurse. Elisabeth Schwarzkopf war bis ins hohe Alter eine ebenso strenge wie begehrte Lehrerin. Am 3. August 2006 ist sie in ihrer österreichischen Wahlheimat Schruns im Alter von 90 Jahren gestorben.

Martin Berke

Paraderolle: 1959 singt Elisabeth Schwarzkopf die Marschallin aus dem „Rosenkavalier“ im Londoner Covent Garden

Schwarzkopfs Musik – Komponist und Werke

„Grüss mir die Welt!" – Richard Strauss und seine Orchesterlieder

„Grüß mir die Welt!" Mit diesen Worten verabschiedete der 85-jährige Richard Strauss kurz vor seinem Tod 1949 einen Besucher. Eine ähnlich melancholische Abschiedsstimmung hatte er zuvor auch musikalisch formuliert. Erste Entwürfe zur Vertonung von Eichendorffs *Im Abendrot* schrieb er bereits 1946 in sein Notizbuch, für das Stück, mit dem die *Vier letzten Lieder* enden. Ein Freund des Komponisten deutete die Schöpfung ganz biografisch: „Das Lied *(Im Abendrot)* gehört zu den persönlichsten Bekenntnissen im Bereich der Straussschen Lyrik. Einen großen Teil seiner Lieder schrieb Strauss im Gedanken an seine Gattin."

Die *Vier letzten Lieder* rufen die letzten Lebensjahre des Komponisten ins Bewusstsein. Strauss hatte nach Kriegsende Deutschland verlassen und war in die Schweiz gegangen. Hier lebte er zusammen mit seiner Gattin Pauline de Ahna. Mit ihr, der ehemaligen Sängerin, verband ihn auch ein gemeinsames künstlerisches Wirken. Zahlreiche

Richard Strauss (1864–1949) in seinem letzten Lebensjahr

Liederabende hatte das Ehepaar gegeben. Bis nach Amerika war man zusammen gereist. Immer wieder standen dabei auch Werke auf dem Programm, die Strauss aus einer privaten Motivation heraus geschaffen hatte. So machte er *Ruhe, meine Seele (op. 27)* seiner Frau zum Hochzeitsgeschenk. Was liegt da näher, als nun das Paar in Eichendorffs Gedicht wiederzuerkennen, wie es an seinem Lebensabend „Hand in Hand“ steht, „wandermüde“ zuletzt. Und welch weiter Weg lag hinter Strauss!

Als Sohn eines Hornisten der Hofoper ist Richard Strauss in München geboren worden und aufgewachsen. Schon früh beginnt er zu komponieren, macht Entwürfe auf dem Notenpapier, mit dem er seine Schulhefte einbindet. Bereits 1881 veröffentlicht er seine ersten Arbeiten. Da ist er gerade mal 17 Jahre alt. Bald darauf tritt er auch als Dirigent an die Öffentlichkeit. Von Reisen nach Italien nimmt Strauss tiefe Eindrücke mit, arbeitet in seiner Vaterstadt an der Hofoper, wirkt mit bei den Bayreuther Festspielen und überwindet dort seine kritische Haltung gegenüber Wagner. Ganz unter dessen Einfluss steht schon Strauss' erste Oper *Guntram,* die 1894 uraufgeführt wird.

Im selben Jahr noch heiratet er Pauline de Ahna, die er bei der szenischen Erarbeitung dieses Werks kennen und lieben lernt. Die nächsten Jahre führen Strauss nach Berlin, wo er Generalmusikdirektor wird und sich auch für die Rechte der Autoren an ihren Werken einsetzt. Auf seine Initiative geht das Gesetz zurück, das Komponisten an der Aufführung ihrer Stücke finanziell beteiligt. Die Berliner Jahre werden auch von Strauss' großen Opernkompositionen geprägt, *Salome, Elektra, Der Rosenkavalier.* Zusammen mit dem Regisseur Max Reinhardt und dem Dichter Hugo von Hofmannsthal, die er beide in Berlin kennen lernt, gründet er schließlich die Salzburger Festspiele. Ein Engagement als Direktor der Oper führt ihn nach Wien, wo er viele Jahre lebt. Kontrovers wird bis heute die Tatsache aufgenommen, dass Strauss 1933 von der nationalsozialistischen Regierung zum Präsidenten der Reichsmusikkammer ernannt wird. Auch während der Kriegsjahre verlässt er Nazi-Deutschland nicht.

Schließlich gilt er ab 1947 als entnazifiziert und wird zunächst österreichischer Staatsbürger. Kurz darauf kehrt er jedoch zurück in sein Haus im bayerischen Garmisch, wo er 1949 auch stirbt. Als er die Arbeit an den *Vier letzten Liedern* beginnt, liegen die großen Werke bereits hinter ihm. Mit der Uraufführung von *Capriccio* hatte er 1942 von der Oper Abschied genommen. „Handgelenksübungen" nennt er die kleineren Formen, denen er sich nun zuwendet. So entstehen vom Frühjahr bis September 1947 neben *Im Abendrot* drei weitere Orchesterlieder, diesmal nach Texten von Hermann Hesse. Strauss selbst wird diese Lieder niemals hören. Er übergibt die Noten der Sopranistin Kirsten Flagstad, die sie am 22. Mai 1950 unter der Leitung von Wilhelm Furtwängler in London zur Uraufführung bringt. Strauss ist da schon ein Dreivierteljahr tot.

Bei der Herausgabe der Partitur entscheidet sich der Verlag für eine Reihung der Lieder, die nicht die Abfolge ihres Entstehens berücksichtigt, sondern einen dramaturgischen Bogen spannt. Mit *Frühling* beginnend, das auch in Strauss' Frühlingstonart A-Dur gehalten ist, gehen die Lieder *September* und *Vor dem Schlafengehen* in eine zunehmend ruhigere und melancholischere Stimmung über, um schließlich *Im Abendrot* auszuklingen. Seither werden diese Orchesterlieder als Zyklus aufgefasst und meist auch in dieser Anordnung aufgeführt.

Die Überschrift *Vier letzte Lieder* stammt ebenfalls von den Herausgebern. Tatsächlich sind sie nicht die allerletzten Arbeiten von Strauss, in ihrem Tonfall kann man sie jedoch als eine Art Abschied hören, mit dem sich der Komponist noch einmal an die Welt wendet. Die menschlichen Erfahrungen, der Lauf der Jahreszeiten und die allmähliche Lebensneige bestimmen den Eindruck der Lieder. In ihren schwelgenden Passagen, die mitunter nach Filmmusik klingen, zeigen sie aber auch, welche Entwicklung das Lied in der ersten Hälfte des 20. Jahrhunderts genommen hat. Strauss spielt dabei eine entscheidende Rolle, da er zu den Ersten zählte, die Lieder nicht mit Klavierbegleitung, sondern für Orchester komponieren.

Im 19. Jahrhundert entstanden die Klavierlieder von Schubert, Schumann und Brahms für einen kleinen Rahmen in privater Atmosphäre. Solistenkonzerte vor einem großen Publikum aber drängen schließlich zu einer größeren Form. Die Arie, die sich für Konzerte geeignet hätte, war aus der Mode gekommen, seit die Oper nach dem Vorbild Richard Wagners durchkomponiert wurde. Andererseits findet in der Nachfolge von Beethovens *9. Sinfonie* der Gesang Eingang in die Orchesterliteratur wie zum Beispiel bei Gustav Mahler. In diesem Umfeld entsteht schließlich das Orchesterlied. Zunächst sprengt es die traditionelle Form des Liedes, erobert ihm aber mit dem Klang des Orchesters zugleich eine neue Welt. Schon Wagner hatte das Klavier ein „tonloses" Instrument genannt und ihm die zahlreichen Farben des Orchesterklanges entgegengestellt. Das Einbeziehen der menschlichen Stimme, des „seelenvollsten Instruments", in diese Klangwelt soll gleichsam einen „dionysischen Zauber der Musik" freisetzen, der weder in einzelne Bilder noch Begriffe aufzulösen ist. Dahinter kann man Nietzsche als Vorbild erkennen, der vom „seelenvollsten Gesamtklang des Orchesters" spricht und Lyrik stets mit Gesang verbunden denkt. Worte bilden dabei nur eine Stufe auf der Leiter zu einer höheren Aussage. Strauss' Oper *Capriccio* bringt die Vorstellung auf den Punkt: „Worte klingen, Töne sprechen."

Für die Komposition bedeutet dies zunächst eine Aufwertung des Orchesters. Seine Instrumente sollten eine Klangidee verwirklichen und nicht nur die gesungene Melodie wie eine „monströse Gitarre" begleiten, forderte Wagner. Für den Sänger ergibt sich daraus eine Art „Instrumentalisierung" seiner Stimme. Am deutlichsten wird dies in den *Vier letzten Liedern* in den extremen Dehnungen einzelner Silben hörbar, die sich in langen Melodiebögen ergießen. Die

Strauss um 1903: Drei Jahre später begann er mit der Arbeit am „Rosenkavalier", seiner bis heute meistgespielten Oper

Richard Strauss.

Wortbedeutung tritt hinter den Klang zurück. Schließlich ist es auch der Orchestersatz, der den musikalischen Sinn stiftet. Die Singstimme gliedert sich diesem nur ein. Es gibt hier also keine Melodien in der Art einer Volksweise, die der Hörer nachpfeifen könnte.

Strauss komponierte aber auch Lieder in einem viel traditionelleren Sinn. Einige davon hat er später orchestriert. Dazu gehören auch die hier zusammengestellten fünf Lieder. Klingt in *Zueignung* das verzweifelte Bekenntnis zum Geliebten wider, so schließt sich die *Freundliche Vision* wie eine Erinnerung an die gemeinsame schönere Zeit an. Mit dem *Rosenband* vereinigen sich die Liebenden, und die Melodie jauchzt mit dem Wort Elysium förmlich auf. *Ruhe, meine Seele* beschwört eine innere Stille herauf, die sich von Stürmen des Lebens bedroht sieht. Strauss orchestrierte dieses Lied, während er auch an den *Vier letzten Liedern* arbeitete. Unter dem Eindruck des Zweiten Weltkriegs mag der Text „Diese Zeiten sind gewaltig, / Bringen Herz und Hirn in Not" für ihn noch eine weitere Dimension gewonnen haben. Hier schwingt sich das Lied zu ungeahnter Dramatik auf. Der fortschreitenden „Entzauberung der Welt" aber setzt Strauss eine „Verzauberung durch Musik" entgegen. *Morgen* schließlich mündet, nachdem ein Violinsolo die Stimmung vorbereitet hat, abermals in die Vorstellung einer Zweisamkeit vor dem Hintergrund einer unerbittlich fortlaufenden Zeit.

Der Rosenkavalier – Strauss als „Mozart nach Wagner“

„Wir sind füreinander geboren und werden sicher Schönes zusammen leisten“, schrieb Strauss 1906 an den Dichter Hugo von Hofmannsthal, den Librettisten seiner Oper *Der Rosenkavalier.* Erstmals verfasste der Wiener ein Operntextbuch für Strauss, weitere würden folgen. Die beiden hätten unterschiedlicher nicht sein können, gerade darum ergänzten sie sich aber ideal. Am 26. Januar 1911 erlebte der *Rosenkavalier* eine umjubelte Uraufführung in Dresden und trat von hier aus seinen Siegeszug durch alle Opernhäuser der Welt an.

Zunächst hatten Strauss und Hofmannsthal eine Oper über Casanova geplant, um die Zeit des 18. Jahrhunderts heraufzubeschwören und zugleich die Mozartsche Leichtigkeit und Heiterkeit auf die deutsche Opernbühne zurückzubringen. Damit wollten sie vor allem auch Position gegen die Bedeutungsschwere der Wagnerschen Mystik beziehen. Zum Ideal nahmen sich die beiden Künstler Mozarts *Hochzeit des Figaro.* Hier sahen sie eine musikalische Komödie mit gesellschaftskritischen Tönen. Aus diesem Umfeld treten schließlich die Figuren heraus, von deren Erfindung Hofmannsthal schreibt: „Die Gestalten waren da und agierten vor uns, noch ehe wir Namen für

Königliches Opernhaus

Donnerstag, den 26. Januar 1911

Anfang 6 Uhr

Zum ersten Mal:

Der Rosenkavalier

Komödie für Musik in drei Aufzügen von Hugo von Hofmannsthal

Musik von Richard Strauß

Regie: Georg Toller

Personen:

Die Feldmarschallin Fürstin Werdenberg	Margarethe Siems
Der Baron Ochs auf Lerchenau	Carl Perron
Octavian, genannt Quinquin, ein junger Herr aus großem Haus	Eva von der Osten
Herr von Faninal, ein reicher Neugeadelter	Karl Scheidemantel
Sophie, seine Tochter	Minnie Nast
Jungfer Marianne Leitmetzerin, die Duenna	Riza Eibenschütz
Valzacchi, ein Intrigant	Hans Rüdiger
Annina, seine Begleiterin	Erna Freund
Ein Polizeikommissar	Julius Puttlitz
Der Haushofmeister bei der Feldmarschallin	Anton Erl
Der Haushofmeister bei Faninal	Fritz Soot
Ein Notar	Ludwig Ermold
Ein Wirt	Josef Pauli
Ein Sänger	Fritz Soot
Ein Gelehrter	Eduard Schindler
Ein Flötist	Alexander Trobisch
Ein Friseur	Jan Trojanowski
Eine adelige Witwe	Sidonie Korb
Drei adelige Waisen	Marie Keldorfer, Gertrud Sachse, Paula Seiring
Eine Modistin	Elisa Stünzner
Ein Tierhändler	Josef Pauli
Der Lerchenausche Leiblakai	Theodor Heuser
Vier Lakaien der Marschallin	Josef Pauli, Wilhelm Quidde, Rudolf Schmalnauer, Robert Büssel
Vier Kellner	Wilhelm Quidde, Rudolf Schmalnauer, Robert Büssel, Franz Nebuschka
Ein Hausknecht	Ludwig Ermold

Ein kleiner Neger, Lakaien, Läufer, Haiducken, Küchenpersonal, ein Arzt, Gäste, Musikanten, Kutscher, zwei Wächter, vier kleine Kinder. Verschiedene verdächtige Gestalten.

Ort und Zeit der Handlung: In Wien, in den ersten Jahren der Regierung Maria Theresias

Die Dekorationen und Kostüme sind nach den Entwürfen des Herrn Professor A. Roller angefertigt

Nach dem 1. Aufzuge 20 Minuten Pause

Textbücher sind an der Kasse das Exemplar für **1 Mark** zu haben

Beurlaubt: **Franziska Bender-Schäfer**

Der freie Eintritt ist ohne jede Ausnahme aufgehoben

Eintritts-Preise

Ein Billett

	Mark	Pf.
in die Logen des I. Ranges	30	—
„ „ Fremdenlogen des II. Ranges	25	—
„ „ Mittellogen des II. Ranges	25	—
„ „ Seitenlogen des II. Ranges	20	—
„ „ Proszeniumslogen des III. Ranges	15	—
„ „ Mittellogen des III. Ranges	15	—
„ „ Seitenlogen des III. Ranges	12	—
„ den Balkon des IV. Ranges	12	—
„ die Mittelgalerie und Proszeniumslogen des IV. Ranges	10	—

Ein Billett

	Mark	Pf.
in die Seitengalerie, Seitenlogen und Stehplätze des IV. Ranges	6	—
„ „ Mittelgalerie des V. Ranges	6	—
„ „ Sitz- und Stehgalerie, Proszeniumslogen des V. Ranges	3	—
„ „ Parkettlogen	25	—
„ das Parkett 1. bis 19. Reihe	25	—
„ „ Stehparkett	8	—

Gekaufte Billetts werden nur bei Abänderung der Vorstellung zurückgenommen

Spielplan

Königliches Opernhaus

Freitag, 27. Januar: **Der Zigeunerbaron.** Operette in drei Akten. Musik von J. Strauß. **Anfang 1/2 8 Uhr.**

Sonnabend, den 28. Januar: **Der Rosenkavalier.** Komödie in drei Aufzügen. Musik von Richard Strauß. **Anfang 6 Uhr.**

Königliches Schauspielhaus

Freitag, den 27. Januar: **Herodes und Mariamne.** Eine Tragödie in fünf Akten von Friedrich Hebbel. **Anfang 7 Uhr.**

Sonnabend, den 28. Januar: **Die Liebe wacht.** Lustspiel in vier Akten von G. A. de Caillavet und Robert de Flers. „Auguste Vernet" — Otto Groß, a. G. **Anfang 1/2 8 Uhr.**

Einlaß 5 Uhr. Kassenöffnung 1/4 6 Uhr. Anfang 6 Uhr.

Ende gegen 10 Uhr.

Druck u. Verlag der K. Hofbuchdruckerei von C. C. [illegible] in Dresden. — [illegible]

Theaterzettel der Dresdner Uraufführung des „Rosenkavalier"

sie hatten: der Buffo, der Alte, die Junge, die Dame, der ‚Cherubin‘. Es waren Typen, die zu individualisieren der ausführenden Feder vorbehalten blieb. Aus dem ewig typischen Verhältnis der Figuren entsprang die Handlung, fast ohne dass man wusste, wie …“

In einem halb erfundenen Wien zur Zeit Maria Theresias, in dem sich zugleich die Gegenwart um 1900 spiegelt, verstricken sich die Gestalten in einen verwirrenden Liebesreigen. Die scheinbar heile Welt mit ihrem leichten Konversationston bricht dabei immer wieder in existenzielle Tiefen auf. Die Zeit in ihrer Vergänglichkeit bleibt zuletzt die alles dominierende Macht. Dieser muss sich auch die Marschallin fügen, um die herum sich das Liebeskarussell zu drehen beginnt. Sie schickt ihren jungen Geliebten Octavian als Brautwerber für ihren Cousin Baron Ochs zu dem Mädchen Sophie, das der tölpelhafte Baron ihres Geldes wegen heiraten möchte.

Octavian soll ihr eine silberne Rose überreichen. Bei dieser Zeremonie aber verlieben sich die beiden ineinander, die Braut eines anderen und der Geliebte der Marschallin. So nimmt das Schicksal seinen Lauf, über den Einzelnen rollt es hinweg. „Die Zeit, die ist ein sonderbar Ding“, räsoniert die Marschallin schon im Finale des ersten Aktes und ist sich der Vergänglichkeit aller Dinge und auch der eigenen nur allzu bewusst. Am Schluss gibt sie ihren Liebhaber frei zugunsten der Jüngeren und beweist darin die eigene Stärke vor dem Unvermeidlichen: „Und man ist dazu da, daß man's ertragt. / Und in dem ‚Wie‘ da liegt der ganze Unterschied –“.

Corinna Jarosch

Umjubelte Uraufführung: In Dresdens Königlichem Opernhaus feierte der „Rosenkavalier“ am 26. Januar 1911 Premiere

Leere Parkettplätze gab es bei Elisabeth Schwarzkopf nur während der Proben – wie hier 1958 in der Royal Albert Hall in London

Schwarzkopfs Partien – Librettoausschnitte und Liedtexte

Der Rosenkavalier – aus der Partie der Marschallin

1. Akt | *Finale*

Die Zeit im Grund, Quin-quin, die Zeit,
die ändert doch nichts an den Sachen.
Die Zeit, die ist ein sonderbar Ding.
Wenn man so hinlebt, ist sie rein gar nichts.
Aber dann auf einmal,
da spürt man nichts als sie:
Sie ist um uns herum, sie ist auch in uns drinnen.
In den Gesichtern rieselt sie, im Spiegel da rieselt sie,
in meinen Schläfen fließt sie.
Und zwischen mir und dir da fließt sie wieder.
Lautlos, wie eine Sanduhr.
Oh Quin-quin!
Manchmal hör' ich sie fließen unaufhaltsam.
Manchmal steh' ich auf mitten in der Nacht,
und lass' die Uhren alle stehen.

3. Akt | *Finale*

Hab' mir's gelobt, ihn lieb zu haben in der richtigen Weis',
daß ich selbst seine Lieb' zu einer andern
noch lieb hab' –
Hab' mir's freilich nicht gedacht,
daß es so bald mir aufgelegt sollt' werden (...)

Es sind die mehreren Dinge auf der Welt,
so, daß sie eins nicht glauben tät',
wenn man sie möcht' erzählen hören.
Alleinig wer's erlebt, der glaubt daran und weiß nicht wie –
Da steht der Bub und da steh' ich und mit dem fremden Mädel dort
wird er so glücklich sein, als wie halt Männer
das Glücklichsein versteh'n. In Gottes Namen.

Vier letzte Lieder

Frühling | *Hermann Hesse*

In dämmrigen Grüften
Träumte ich lang
Von deinen Bäumen und blauen Lüften,
Von deinem Duft und Vogelgesang.

Nun liegst du erschlossen
In Gleiß und Zier
Von Licht übergossen
Wie ein Wunder vor mir.

Du kennest mich wieder,
Du lockest mich zart,
Es zittert durch all meine Glieder
Deine selige Gegenwart.

September | *Hermann Hesse*

Der Garten trauert,
Kühl sinkt in die Blumen der Regen.
Der Sommer schauert
Still seinem Ende entgegen.

Golden tropft Blatt um Blatt
Nieder vom hohen Akazienbaum.
Sommer lächelt erstaunt und matt
In den sterbenden Gartentraum.

Lange noch bei den Rosen
Bleibt er stehen, sehnt sich nach Ruh.
Langsam tut er die großen,
Müdgewordenen Augen zu.

Beim Schlafengehen | *Hermann Hesse*

Nun der Tag mich müd gemacht,
Soll mein sehnliches Verlangen
Freundlich die gestirnte Nacht
Wie ein müdes Kind empfangen.

Hände laßt von allem Tun,
Stirn vergiß du alles Denken,
Alle meine Sinne nun
Wollen sich in Schlummer senken.

Und die Seele unbewacht
Will in freien Flügen schweben,
Um im Zauberkreis der Nacht
Tief und tausendfach zu leben.

Im Abendrot | *Josef Karl Benedikt von Eichendorff*

Wir sind durch Not und Freude
Gegangen Hand in Hand,
Vom Wandern ruhn wir beide
Nun überm stillen Land.

Rings sich die Täler neigen,
Es dunkelt schon die Luft,
Zwei Lerchen nur noch steigen
Nachträumend in den Duft.

Tritt her, und laß sie schwirren,
Bald ist es Schlafenszeit,
Daß wir uns nicht verirren
In dieser Einsamkeit.

O weiter stiller Friede!
So tief im Abendrot
Wie sind wir wandermüde –
Ist das etwa der Tod?

Fünf Orchesterlieder

Zueignung | *Hermann von Gilm*

Ja, du weißt es, teure Seele,
daß ich fern von dir mich quäle;
Liebe macht die Herzen krank,
habe Dank!

Einst hielt ich, der Freiheit Zecher,
hoch den Amethysten-Becher
und du segnetest den Trank,
habe Dank!

Und beschwörst darin die Bösen,
bis ich, was ich nie gewesen,
heilig, heilig ans Herz dir sank,
habe Dank!

Elisabeth Schwarzkopf um 1960:
Jahrhundertsängerin, Opernlegende, Königin des Liedgesangs

Freundliche Vision | *Otto Julius Bierbaum*

Nicht im Schlafe hab' ich das geträumt,
hell am Tage sah ich's schön vor mir:
eine Wiese voller Margeriten;
tief ein weißes Haus in grünen Büschen;
Götterbilder leuchten aus dem Laube.
Und ich geh' mit Einem, der mich lieb hat,
ruhigen Gemütes in die Kühle
dieses weißen Hauses, in den Frieden,
der voll Schönheit wartet, daß wir kommen.

Das Rosenband | *Friedrich Gottlieb Klopstock*

Im Frühlingsschatten fand ich sie,
da band ich sie mit Rosenbändern:
Sie fühlt' es nicht und schlummerte.

Ich sah sie an; mein Leben hing
mit diesem Blick an ihrem Leben:
Ich fühlt' es wohl und wußt' es nicht.

Doch lispelt' ich ihr sprachlos zu
und rauschte mit den Rosenbändern:
Da wachte sie vom Schlummer auf.

Sie sah mich an; ihr Leben hing
mit diesem Blick an meinem Leben:
Und um uns ward's Elysium.

Ruhe, meine Seele | *Karl Friedrich Henckell*

*Nicht ein Lüftchen regt sich leise,
sanft entschlummert ruht der Hain;
durch der Blätter dunkle Hülle
stiehlt sich lichter Sonnenschein.*

*Ruhe, ruhe, meine Seele,
deine Stürme gingen wild,
hast getobt und hast gezittert,
wie die Brandung, wenn sie schwillt!*

*Diese Zeiten sind gewaltig,
bringen Herz und Hirn in Not –
ruhe, ruhe, meine Seele,
und vergiß, was dich bedroht!*

Morgen | *John Henry Mackay*

*Und morgen wird die Sonne wieder scheinen,
und auf dem Wege, den ich gehen werde,
wird uns, die Glücklichen, sie wieder einen
inmitten dieser sonnenatmenden Erde …*

*Und zu dem Strand, dem weiten, wogenblauen,
werden wir still und langsam niedersteigen.
Stumm werden wir uns in die Augen schauen,
und auf uns sinkt des Glückes stummes Schweigen.*

Reportagen, Porträts, Essays und Kritiken

Elisabeth Schwarzkopf und die ZEIT – das Beste aus 60 Jahren

DIE ZEIT

Feinfühlig auf Distanz

Die Sopranlegende Elisabeth Schwarzkopf feiert ihren 90. Geburtstag. Was machte ihre Größe aus?
Von Mirko Weber

Hugo von Hofmannsthal ist in seinem *Rosenkavalier* nicht sparsam mit Regieanweisungen. Für das Selbstgespräch der Marschallin am Ende des ersten Akts (»Die Zeit, die ist ein sonderbar' Ding«) hat er besonders viele notiert: »allein«, »seufzend«, »ruhig«, »ruhig, mit halbem Lächeln«, »sehr ruhig«, »schnell gefasst«, »sehr ernst« soll sie unter anderem im Verlauf der Szene sein. Wer hier ernsthaft entlang der Direktiven spielen wollte, käme in Verlegenheit. Die Sängerin Elisabeth Schwarzkopf hat die Marschallin oft gesungen, und auf der DVD einer BBC-Produktion von 1961 kann man heute noch nachvollziehen, wie sie den berühmten Monolog einst gestaltete: Streng genommen lässt sie alle Vorgaben weg, sobald sie sich während der Aufführung vom Fenster des Palastes abwendet, um in sich hineinzuschauen. Es ist ein heikler Lebensmoment für die Marschallin, wenn sie feststellt, dass auch vor ihr das Alter nicht Halt macht, und es ist ein prekärer Augenblick in der Oper von Richard Strauss, deren Hauptanliegen jetzt in den Mittelpunkt rückt: die Zeit – und wie sie vergeht. Auf einmal muss eine Maske fallen, die aber sogleich durch eine andere ersetzt wird, und nur für Sekunden darf man den Riss sehen, der durchs Ich geht. Elisabeth Schwarzkopf, die von der Marschallin mehr begreift, als selbst Hofmannsthal in sie hineinsah, zeigt hoch konzentriert, wie das geht. Während ihre Hände sich konventionell zum Gebet schließen, als sie den lieben Gott fragt, wie er's denn anstelle, dass sie einmal die kleine Resi war und doch auf einmal die alte Fürstin sein soll, spielt sich das wirkliche Drama gleichzeitig in der Mimik und im Gesang ab. Das Gesicht wird, wie im Zeitraffer gefilmt, plötzlich leer wie ein weißes Blatt und die Stimme, dieser einmalige Silberton, fahl, ja matt – bis Elisabeth Schwarzkopf sich insgesamt wieder strafft und eben nicht »seufzend«, wie Hofmannsthal vorschreibt, sondern mit fast stoischem Gesichtsausdruck das Leben bejaht: »Und man ist dazu da, dass mans ertragt. Und in dem ‚Wie', da liegt der ganze Unterschied.«

Am 9. Dezember wird Elisabeth Schwarzkopf 90 Jahre alt, und immer noch ist es das »Wie«, das sie kümmert. Zum Beispiel, wenn sie – wie noch vor fünf Jahren – einen Meisterkurs gibt. Wie, fragt sie dann, hütet man ein Gefühl? Wie stellt man es aus? Wie verbirgt man es? Das ist harte Arbeit, und Pardon wird dabei nicht gegeben. Wer Elisabeth Schwarzkopf nie als Lehrerin der strengsten Observanz erlebt hat, mag Einschlägiges bei Renée Fleming nachlesen. Die mittlerweile selber sehr berühmte amerikanische Sopranistin hat kürzlich in ihrer Autobiografie erzählt, welche Qualen einem die Schwarzkopf bereiten kann, wenn sie Abende als immer noch reaktionsschnelles Monument ihrer selbst und ganz nach preußischer Gutsfrauenart regiert. »Warum«, fragte einst ihr langjähriger Begleiter am Flügel, Gerald Moore *(Bin ich zu laut?),* »beobachten Gesangslehrer und Korrepetitoren nicht Elisabeth Schwarzkopf und lernen von ihr ..., einer unübertrefflichen Donna Elvira, Gräfin Almaviva, Marschallin, die im Konzertsaal nie eine Bewegung macht. Alles an ihr ist Stimme, meisterhafte Diktion und lebhaftester Gesichtsausdruck.«

Ebendarum sind sie immer in ihre Meisterklassen gekommen, die von ihr anfangs der Sitzungen manchmal so genannten »Goldkinder«, deren Degradierung aber schon nach zwei Takten erfolgen konnte:

Elisabeth Schwarzkopf, ihr Klavierbegleiter Gerald Moore und die Noten Hugo Wolfs, dessen bedeutendste Interpretin sie war

»Kindchen, bitte. Haben Sie nicht verstanden?« Dann wurde auch noch das »Kindchen« weggelassen. Schließlich ein knappes Resümee: »Nein, das ist es nicht!«

Renée Fleming räumt im Nachhinein ein, dass sie aus lauter Ehrfurcht »auf der Nasenspitze balanciert und dabei gesungen« hätte, wäre das von ihr verlangt worden. Aus den Stunden mit Elisabeth Schwarzkopf aber nimmt sie neben der Erinnerung an deren legendäres Legato jedenfalls eine prägende Ahnung mit, wie man Spitzentöne mit einer »gedeckten« Mundhöhlenstellung meistern kann. Davon zehrt sie bis heute. Die Deckung war keine Erfindung der Schwarzkopf, wohl aber eine ihrer Spezialitäten, wie sie sich überhaupt einige Schutzmechanismen antrainiert hatte. Manche Schwarzkopf-Arien und viele ihrer Lied-Interpretationen offenbaren eine merkwürdige Verwandtschaft zur Prosa Ernst Jüngers. Technisch ist alles bestens gebaut, inhaltlich wohlüberlegt, der Perfektionsgrad enorm. Letzte, vor allem sprachtechnische Unsauberkeiten sind eliminiert. Trotz spürbar hoher innerer Beteiligung jedoch entsteht öfter der Eindruck von unterkühlter, manchmal regelrecht kalter Pracht. Schwarzkopfs immer große Kunst ist nicht weit von einer frösteln machenden Künstlichkeit entfernt, wenn sie Anfang der fünfziger Jahre unter Herbert von Karajan Mozarts Fiordiligi singt. Alle Zuckungen dieses unstet pochenden Herzens in der (gerade wieder veröffentlichten) *Così fan tutte* werden mit kontrollierter Erregtheit wiedergegeben. Und ein ganz klein wenig hört man im Nachhinein noch die Arbeit, die das gekostet hat. »Habe ich rein gesungen?« ist Elisabeth Schwarzkopfs häufigste Frage an ihren Liedbegleiter Moore; noch während des Schlussapplauses will sie das stets genau wissen.

Die Frage hat ihre Gründe. Abgesehen von ihrer eigenen, früh entwickelten und rigorosen Selbstdisziplin, ist die ehrgeizige Sängerin aus Jarotschin bei Posen zeit ihres Lebens von Menschen umgeben, die es mit der Stimmartistik ganz genau nehmen. Zuerst ist da Lula Mysz-Gmeiner. Sie will aus Elisabeth Schwarzkopf unbedingt eine Altistin machen. Maria Ivogün (auch die Lehrerin von Rita Streich) und der Berliner Pädagoge Egenolf korrigieren das gerade noch rechtzeitig. Egenolf erhält ein Billett von Elisabeth Schwarzkopf: »Dem Retter meiner Stimme.«

Aus Karrieregründen tritt sie in der Zeit des Nationalsozialismus in die Partei ein und entwickelt bis ins hohe Alter wenig Bereitschaft, über diesen dunklen Fleck in ihrer Laufbahn Auskunft zu geben. Nach dem Krieg wird sie rasch entnazifiziert und findet mit dem britischen

Plattenproduzenten Walter Legge einen Mentor (und Ehemann), der ihr den endgültigen musikalischen Feinschliff verleiht. Legge baut die halbe EMI auf diesen Felsen, der noch formbar ist. Er hat sein Vorgehen in *On and off the Record* bereitwillig erklärt: Elisabeth Schwarzkopf sollte von allen Melbas, Lehmanns und Ponselles dieser Sängerinnenwelt nur das Beste in sich vereinen. So war der Kontrapunkt zu Maria Callas gesetzt. Wild und unberechenbar war deren Singen, heilig nüchtern Schwarzkopfs Kunst.

In den fünfziger und sechziger Jahren reduziert Legge das schon in Berlin und Wien immer üppige Repertoire der Schwarzkopf auf ein paar Kernrollen: Fiordiligi, Donna Elvira (die sie in der zeitlos gültigen Interpretation Furtwänglers an der Seite von Cesare Siepi singt, eine Jahrhundertaufnahme), die Gräfin Almaviva und zwei Strauss-Partien bleiben übrig, darunter die Gräfin in *Capriccio.*

Susanna, Manon, Mélisande, Marguérite und zahlreiche andere Partien werden obsolet, und wer heute nur einmal Elisabeth Schwarzkopf an der Seite von Irmgard Seefried auf CD hört (mit Monteverdi, den *Mährischen Duetten* von Dvořák und als Humperdincks Hänsel und Gretel), mag erahnen, dass die Zeitgenossen manches davon sofort schmerzlich vermissten, als sie Ende der sechziger Jahre nach vierzig Jahren Dauerpräsenz die Opernbühnen dieser Welt verließ (Lieder sang sie bis 1979). Immerhin ist für die Nachwelt alles mustergültig dokumentiert, was nach Legges Tod noch Schwarzkopfs strenge Zensur passieren durfte, nicht zuletzt die von ihr besonders geliebten Operettenaufnahmen, in denen sie ihre Fähigkeit, Figuren zum Leben zu erwecken und sie gleichzeitig feinfühlig auf Distanz zu halten, ausspielt – eine geniale Gauklerin.

Selbst unter falschem Namen ist sie überragend präsent, wenn man an das hohe C denkt, das sie Kirsten Flagstad für deren Isolde unter Furtwängler lieh. Flagstads C genügte den hohen künstlerischen Ansprüchen der Plattenproduzenten nicht, und Schwarzkopfs Spitzenton wurde mit Genehmigung der Kollegin hineingeschnitten.

Die Flagstad hat ihr das nie vergessen, wie überhaupt Elisabeth Schwarzkopf unter Sängern allgemein einen ganz hohen Nimbus hat und hatte. Oft hört man noch im heutigen Konzertbetrieb, wenn die Jüngeren sie imitieren, doch bleibt das Original unerreichbar.

Wie in den *Vier letzten Liedern* von Richard Strauss, die 1948 uraufgeführt wurden. Es gibt eine berühmte Aufnahme, die George Szell dirigiert hat, aber dringlicher noch und unmittelbarer wirkt Elisabeths Schwarzkopfs Interpretation unter Otto Ackermann aus dem Jahre 1953. Strauss' wundervolle, manchmal simpel spielende Musik lässt womöglich für den Zeitzeugen keinen Abstand zu, und so erhebt sich auch Elisabeth Schwarzkopfs diesmal seltsam berührt wirkender Sopran, um selig im Abendrot zu leuchten und schließlich selbstvergessen zu fliegen – in den Zauberkreis der Nacht.

Vor allem als Interpretin von Mozart und Strauss ist Elisabeth Schwarzkopf gefeiert worden. Doch sie verhalf auch Igor Strawinsky zum Erfolg seiner Oper *The Rake's Progress.* Die Uraufführung fand 1951 während der Filmbiennale in Venedig statt.

DIE ZEIT 20. September 1951, Nr. 38

Wüstling an der Lagune

Von Ulrich Seelmann-Eggebert

The Rake's Progress, die neue, von der ganzen musikalischen Welt mit Spannung erwartete Oper von Igor Strawinsky, die bereits von mehreren deutschen Bühnen angenommen ist, wurde im Rahmen der Biennale von Venedig uraufgeführt. Der herrliche Settecentobau des Teatro La Fenice war bis zum fünften Rang hinauf besetzt. Die Karten sollen im Schwarzhandel nur noch zu 60 000 Lire zu haben gewesen sein, und von Aga Khan bis zu den Stars der gleichzeitigen Filmschau fühlte sich alles zum Besuch dieser Premiere gesellschaftlich verpflichtet.

Wer allerdings erwartet hatte, hier eine jener denkwürdigen Uraufführung des *Sacre* vor achtunddreißig Jahren vergleichbare revolutionäre Sensation zu erleben, war gewiss enttäuscht. Es begann mit heiterem Liebesgetändel von spielopernhafter Lyrik, es schloss mit einem echten Mozart-Finale mit moralisierendem Ins-Publikum-Singen, und dazwischen lag ein *dramma giocosa,* das von Purcell und Händel über Gluck bis zu Gounod die ganze musikalische Klassik wiederholte – und sie doch unverkennbar mit der persönlichen Sprache Strawinskys durchdrungen und sublimiert hatte. In weit gespannten melodischen Bögen, nur ganz vereinzelt noch an den absoluten Rhythmiker von einst erinnernd, malt Strawinsky seine

Igor Strawinsky (1882–1971): In Venedig, wo „The Rake's Progress" uraufgeführt wurde, befindet sich auch das Grab des Komponisten

Geschichte vom Ende eines Wüstlings, die nicht nur stofflich in der Nähe von Mozarts *Don Giovanni oder der bestrafte Wüstling* steht. Das Libretto schrieb in Gemeinschaft mit dem Musikkritiker Chester Kallmann der Dichter W. H. Auden, Schwiegersohn von Thomas Mann. Tom Rakewell, der zuerst wie Raimunds Verschwender das väterliche Vermögen durchbringt, schließt mit dem Mephisto Nick Shadow einen Pakt und endet nach allerlei Wirrnissen schließlich wie Adrian Leverkühn. Inhaltlich stützten die Textautoren sich auf die von G. Chr. Lichtenberg so geistvoll kommentierte Folge von neun Stichen William Hogarths, denen die neun Bilder dieser Oper genau entsprechen und in Milieu und Kostüm nachgebildet sind. Wenn das alles auch ein wenig moritatenhaft konstruiert scheint, wenn sich auch in der jetzigen Fassung noch mancherlei Längen finden, wenn vor allem auch der vielfach etwas verblüffende Stilmischmasch, der aus der Parodie und der Burleske plötzlich in den bitteren Ernst umschlagen kann, von der Regie nicht ganz bewältigt wurde, so bewährte sich das Ganze doch als recht publikumswirksam.

Elisabeth Schwarzkopf in der Solveigrolle der Anna hatte gleich von dem ersten Duett an wunderschöne melodische Kostbarkeiten in ihrer Partie. Immer wieder bedient sich Strawinsky hier der kantablen Formen der alten Nummernoper, auch wenn er sie mitunter in aphoristischer Kürze hinsetzt; und dann fängt er seine Belcantoeffekte doch wieder in einer buffonesken Rhythmik ein, deren geistreich-ironische Spielerei sein eigenstes Geheimnis ist. Dass der bonvivanthafte Robert Rounseville als Wüstling und der theaterschurkische Otakar Kraus als Shadow diese Strawinsky-Elemente in der Mozart-Form nicht recht erkannten, ließ ihre gesanglich guten Leistungen doch vom Musikdramatischen her fragwürdig werden. Das Orchester der Mailänder Scala, von Ferdinand Leitner einstudiert, wurde am Uraufführungsabend von Strawinsky selbst ruhig und sachlich, auch schon in einer Art abgeklärter Altersweisheit, dirigiert. Der Beifall nahm Formen an, wie sie eben nur bei einem südländischen Publikum möglich sind.

(ursprünglich erschienen unter dem Titel: „Biennale der ‚Dokumentaristen'")

DIE ZEIT 11. März 1954, Nr. 10

DIE NEUE EPOCHE, ODER DAS GEBORGTE C

Aus der Welt der Gestirne erster Ordnung – im Kunstleben „Stars" genannt – dringt seltsame Kunde an die erstaunt aufhorchenden Ohren der Sterblichen. Da hat eine britische Grammofon-Gesellschaft *(His Master's Voice)* eine Aufname von Wagners *Tristan und Isolde* herausgebracht. Dirigent: Wilhelm Furtwängler, Isolde: Kirsten Flagstad. Einigen Käufern dieser Platten fiel auf, dass das berüchtigte „hohe C" der Isolde eine andere Klangfarbe hatte als alle anderen Töne der Partie. Auf Anfrage legte die Firma das Geständnis ab, dieses zweimalige hohe C stamme nicht von Kirsten Flagstad, sondern von Elisabeth Schwarzkopf und sei mit Einverständnis aller Beteiligten später in die Aufnahme eingeblendet worden. Werden auch die Käufer mit einer solchen Unterschiebung einverstanden sein? Gewiss, man kann sagen, ein geborgtes C ist besser als gar keines oder ein schlecht klingendes; wie es auch besser ist, ein Patient wird durch eine Blutspende aus fremden Adern gerettet, als: er stirbt. Die Käufer dürften sich also mit der Genugtuung zufrieden geben, den Scherz, der mit ihnen getrieben wurde, bemerkt zu haben. Aber die Sache hat noch eine andere Seite. Eine Schallplatte ist schließlich eine Art Dokument, besonders für die Nachwelt. Und wenn eine Sängerin kein hohes C mehr hat, laut Schallplatte hingegen diesen gefürchteten Ton in strahlender Frische über das Klanggewoge hinschmettert, dann könnte – dürfte – sollte sich einem der Begriff Dokumentenfälschung aufdrängen. Es sei denn, es werde säuberlich vermerkt: „Isolde: Kirsten Flagstad, hohes C: Elisabeth Schwarzkopf." Das wiederum würde

vielleicht – mit Recht – ein wenig komisch wirken und erinnerte in etwa an jenen witzigen Bayreuther Orchestermusiker, der einer autogrammwütigen Globetrotterin aus Übersee in ihr Sammelbuch die mysteriöse Eintragung machte: „N. N. – Zweites Schiff im ‚Tristan' …" („Kurvenal, hör! Ein zweites Schiff!", ruft der Hirt im dritten Akt.) Nicht auszudenken auch die weiteren Möglichkeiten, wenn dies Prinzip der Fonomontage Schule machte: wenn ein befreundeter Pianist dem anderen seine Passagen einblendete, die jener nicht beherrscht; oder wenn in einer Gesangspartie außer einem exponierten hohen Ton auch ein besonders tiefer (von einer zweiten Hilfskraft) geborgt würde – und so weiter. Oder endlich: Wie wäre es mit der Idee, eine überperfektionierte Interpretation überhaupt durch Montage zu bewerkstelligen, indem jeder einzelne Takt von demjenigen Künstler beigesteuert würde, der ihn am besten „bringt". Hier eröffnen sich wahrhaft ungeahnte Perspektiven. Vielleicht wird sich an dies geborgte C eine neue Epoche knüpfen, wie nach Goethe an die berühmte Kanonade von Valmy.

Nur auf der Bühne sind alle Töne echt:
Max Lorenz und Kirsten Flagstadt als Tristan und Isolde
bei einer Aufführung im Juni 1948 in Paris

Denk' es, o Seele!

Zum 100. Todestag von Hugo Wolf: Die legendäre Sopranistin Elisabeth Schwarzkopf und ihr Meisterkurs in Stuttgart
Von Claus Spahn

Man hört schon ihren vollen, gestützten Sopran, bevor sie durch die kleine Tür neben dem Podium kommt. „Nein, nein. Nun lassen Sie mal, es geht schon." Dann wackelt sie mit resoluten Schritten herein, eine alte Dame mit silbergrauer Kurzhaarfrisur: Elisabeth Schwarzkopf, die Jahrhundertsängerin, die Opernlegende, die Eiserne Lady des Liedgesangs. Ein strahlendes Bühnenlächeln fährt ihr ins Gesicht, sobald sie den Applaus aufrauschen hört. Und noch ins Klatschen hinein schwingt sie den Gehstock, deutet auf ihre Hüfte und macht eine wegwerfende Armbewegung. Die Gelenke wollen nicht mehr so recht, aber ihr Kopf, der ist noch in Ordnung.

Die Bühne, die sie betritt, ist nicht mehr die Mailänder Scala wie in den gloriosen fünfziger Jahren und nicht mehr wie in den Sechzigern die New Yorker Met. Es ist ein kleiner Studiosaal im Dachgeschoss der baden-württembergischen Landesbank in Stuttgart, wo Elisabeth Schwarzkopf an zwei Wochenenden einen Meisterkurs gibt. Die Hugo-Wolf-Akademie für Gesang, Dichtung und Liedkunst hat sie eingeladen, und Hartmut Höll, künstlerischer Leiter, sagt bei der Begrüßung: „Heute ist ein Festtag. Wir freuen uns, dass Frau Schwarzkopf zu einem allerletzten Meisterkurs gekommen ist – wie seit vielen Jahren." 87 Jahre alt ist sie und unterrichtet noch immer. Sie trägt eine bequeme, dunkelblaue Baumwollhose, ein schlichtes

Strickoberteil und gehört, wie Maggie Thatcher, zu den Frauen, bei denen man nie so genau weiß, ob sie ihre Handtasche nicht als Waffe bei sich tragen. Frau Schwarzkopf kann nämlich streng sein, sehr streng. Ihr öffentlicher Unterricht ist berühmt und berüchtigt zugleich, weil sie so unendlich viel von Stimmen versteht, weil sie die Geheimnisse einer längst vergangenen großen Sängerepoche kennt und weil sie eine unnachahmliche Schreckschraube sein kann. Im Dienst der Kunst.

200 Zuhörer haben im Saal Platz genommen, junge Asiatinnen und Musikstudenten, vor allem aber Gesangs-Aficionados im älteren Semester. Rentner mit Pullundern überm Hemd, Damen in altenglischer Landhausgarderobe. Eine stärkt sich in der Pause mit Getreidekeimlingen aus der Tupper-Dose. Ein anderer hat einen Besetzungszettel der Württembergischen Staatsoper von 1959 mitgebracht, in der Hauptrolle natürlich die Schwarzkopf. Kaum hat die sich oben auf dem Podium geräuspert, suchen die Damen unten in der ersten Reihe schon nach Hustenpastillen in ihren Handtaschen. In den Gesichtern kann man Wiedersehensfreude lesen. Das Idol von einst lässt – wenn schon nicht mehr singend, so doch zumindest unterrichtend – noch einmal legendäre Zeiten aufleben. Und Elisabeth Schwarzkopf versäumt an keinem Unterrichtstag, einen zornfunkelnden Blitz der Verachtung auf die Operngegenwart niedergehen zu lassen. „Die modernen Regisseure“, sagt sie, „sind Verbrecher.“ Letzten Sommer in Salzburg habe sie es im neuen *Don Giovanni* nur bis zur Pause ausgehalten – „mit knapper Not“. Über die Stuttgarter Oper, an der sie immer so gern gesungen hat und aus der der Intendant Klaus Ziehelein heute eine Hochburg des modernen Musiktheaters gemacht hat, kann sie nur den Kopf schütteln. „Heißen Sie das gut?“, fragt sie ins Publikum, wartet einen Moment und ruft, Hugo von Hofmannsthal zitierend: „Musik ist eine heilige Kunst!“

Da wissen die Meisterschüler gleich, woran sie sind. Es sind selbstbewusste, hoch begabte Sänger aus Österreich, Island,

Rumänien, der Ukraine und den USA. Leicht haben sie es nicht. Meist kommen sie bei ihrem Liedvortrag über zwei, drei Takte nicht hinaus, dann greift die strenge Lehrerin schon ein. Fordert klarere Konsonanten. Findet den Stimmsitz nicht gut. Verlangt eine andere Färbung des Vokals. „Ja, gell. Machen Sie das noch einmal." Auch mit dem zehnten Versuch, einen einzigen Ton anzusetzen, ist die Schwarzkopf nicht zufrieden. „Ich kann Ihnen das nicht durchgehen lassen. Sie können doch nicht Ihr ganzes Leben lang auf diesem Ton ein O statt eines U singen. Sie hören es ja selbst nicht einmal." Und am gefährlichsten klingen ihre Mahnungen, wenn sie die Sänger mit

„Kindelein" anspricht: „Kindelein, so geht es nicht." – „Mhm", sagen die dann tapfer und schlucken. „Ich mach's noch mal."

Immer wieder hakt sie beim Klang der Vokale ein, verlangt mehr Spannung in der Oberlippe („Weg von den Zähnen!"), lässt die Schüler nach neuen Resonanzen zwischen Stirn, Kiefergelenk und Kinn suchen oder bittet sie, ihr in den Mund zu schauen, um eine Zungenstellung zu verdeutlichen. „Wir haben hier ein Lied, bei dem der Komponist mit jedem Wort, Silbe für Silbe, ein Bild malt. Da will ich alles hören." Manchmal fasst sie sogar den Pianisten am Arm,

„Ich kann Ihnen das nicht durchgehen lassen ...": Schwarzkopf war bis ins hohe Alter als Lehrerin begehrt – und gefürchtet

während er eine Einleitung spielt: „Herr Höll, warum werden Sie da schneller?“ Hartmut Höll ist selbst Professor, ein international gefragter Liedbegleiter, eine Koryphäe seines Fachs. „Steht das da?“, fragt die Schwarzkopf spitz. „Nöö“, sagt Herr Höll und beginnt von vorn.

Der Komponist, dem der Meisterkurs gewidmet ist, würde, wenn er anwesend sein könnte, bestimmt irgendwo in der hintersten Ecke sitzen, unscheinbar und skeptisch: Hugo Wolf. 1,54 Meter klein, durchdringender Blick, fahrige, eckige Bewegungen – so haben ihn seine Zeitgenossen beschrieben. Ein Getriebener, ein durch und durch verspannter Charakter, der sich zeit seines Lebens aus Nervosität die Barthaare ausgerissen haben soll. Mit 42 Jahren ist er in der Nervenheilanstalt an Syphilis gestorben. Seine Biografie ist so voll von Tragik und Bizarrerien, dass Thomas Mann sie als Vorlage für die Hauptfigur seines Romans *Doktor Faustus* genommen hat.

Elisabeth Schwarzkopf hat ein Faible für Hugo Wolf und ist eine große Interpretin seiner Lieder. Sie besitzt Briefe und Originalmanuskripte des Komponisten. In ihrer Zürcher Wohnung steht sogar ein Schreibtisch, an dem er gearbeitet hat. Ihr verstorbener Ehemann, der berühmte Klassikproduzent Walter Legge, hat all das zusammengetragen. Wolf war für ihn der Meister unter den Meistern. Ob dem Kauz aus der Untersteiermark Elisabeth Schwarzkopfs Strenge behagt hätte? Vielleicht hätte er die ganze Meisterklassengesellschaft schon nach zehn Minuten mit ein paar kotzbrockenhaften Bemerkungen gesprengt. Darin war er nämlich unübertrefflich, sogar treueste Gönner hat er so verprellt. Manchmal waren es nur Kleinigkeiten, die ihn zur Raserei brachten, wie bei seinem Besuch in Berlin, als das Philharmonische Orchester Stücke von ihm aufführte. Schreiend verließ er da die Probe und wurde anschließend, Gift und Galle spuckend, versteckt zwischen leeren Bierfässern im Foyer entdeckt – weil der Dirigent eine Tempovorschrift angeblich zu wörtlich genommen hatte.

Oder aber er würde in Verehrung für die Lady der Liedkunst dahinschmelzen. Hugo Wolf konnte auch ein Speichellecker sein. Bei seinem ersten (und einzigen) Besuch im Haus von Johannes Brahms soll er von der Tür nicht wegzukriegen gewesen sein: Er küsste immerzu die Klinke. Als Brahms freilich dann die Kompositionen, die Wolf ihm zeigte, eher überarbeitungsbedürftig fand, war schlagartig Schluss mit den devoten Gesten. Brahms wurde sein Lieblingsfeind. „Schale Leimsiedereien“ und „bröckelige Ideengerippe“ nannte er später dessen Sinfonien.

Wolf führte im Wien des ausgehenden 19. Jahrhunderts das Leben eines armen Schluckers, unfähig, sich eine bürgerliche Existenz aufzubauen. Überall eckte er an, nirgendwo hielt er es lange aus. Phasenweise besaß er als Hausrat nur eine zusammenlegbare Kautschukbadewanne und eine Kaffeemaschine, Marke Non-plus-Ultra. In den raren Schaffensschüben arbeitete er wie im Fieber. In nur drei Monaten schrieb er im Jahr 1888 43 Lieder auf Gedichte von Eduard Mörike, die zum Besten gehören, was er komponiert hat. Demgegenüber stehen quälende Jahre, in denen er nichts zustande brachte und der Selbsthass an ihm nagte. Dann fühlte er sich „dumm und ausgedörrt“ und verfluchte seine „Froschexistenz“, die verstärkt wurde durch die manische Verehrung für seinen „Obergott“ Richard Wagner. Als der starb, soll sich Wolf einen Tag lang in eine Baumkrone verkrochen und geweint haben. Bei einer vorübergehenden Tätigkeit als Kritiker schrieb er reihenweise undiplomatische, verletzende Verrisse und brachte so große Teile des musikalisch einflussreichen Wiens gegen sich auf – mit den entsprechend fatalen Folgen für seine eigene Musik. Kein Fettnäpfchen ließ der Komponist aus.

Das Schicksal hatte es nicht gut mit ihm in den „Lehmgruben“ gemeint. Bei den Wiener Prostituierten holte er sich vermutlich als Achtzehnjähriger die Syphilis, und dreieinhalb Jahre vor seinem Tod lief er eine ganze Nacht lang durch die Wiener Ringstraßen und verkündete jedem, er sei der Direktor der Wiener Hofoper. Der aber hieß in Wirklichkeit Gustav Mahler und hatte gerade eine Aufführung von Wolfs einziger Oper *Der Corregidor* im Streit abgelehnt. Wahnsinnig wurde Wolf vom Anstaltswagen abgeholt.

Der unpopuläre Außenseiter, der vom Musikbetrieb weitgehend ignoriert wird, ist er bis heute geblieben. Am 22. Februar ist Hugo Wolfs 100. Todestag. Im großen Stil gefeiert wird das Jubiläum nirgendwo. Hier und dort findet eine kleine Konzert-Hommage statt, Dietrich Fischer-Dieskau hat ein schönes Buch geschrieben, die Plattenfirmen kramen die ein oder andere Wiederveröffentlichung aus dem Archiv. Mehr ist nicht. Zu klein ist die Gemeinde der Hugo-Wolf-Enthusiasten.

Als später Spätromantiker steht er verloren zwischen den Epochen. Nach seinem Tod hat die Musik des 20. Jahrhunderts ganz andere, kühnere Wege eingeschlagen. Auch die Gattung, der er sich fast ausschließlich in seinem Œuvre gewidmet hat, das Kunstlied, scheint mit ihm und durch ihn ausgereizt. Mit seiner hohen Sensibilität für Literatur und Lyrik hat er die Verbindung von Wortsinn und Ton in seinen Liedzyklen auf die Spitze getrieben und wie kein anderer Melodik und Textdeklamation zur Deckung gebracht. Manchmal mag man es kaum glauben, was für ein abgründig atmosphärisches Schattenspiel er hinter einer einzigen Verszeile entdeckt oder wie er eine scheinbar harmlose Genreszene in eine feinspitze Karikatur verwandelt. Und doch offenbaren Hugo Wolfs Lieder immer auch eine fast abweisende Überspanntheit im Ausdruck. Zu viel Bedeutung für so kleine Formen.

Elisabeth Schwarzkopfs Schüler bekommen das mit jedem Lied zu spüren, das sie auf den Notenständer legen. „Sie sollen hier nicht schauspielern, sondern ein Hugo-Wolf-Lied singen", sagt sie zu einer Sopranistin, die sich gleich mit temperamentvollen Gebärden in die ersten Takte stürzt. „Sie müssen den Ausdruck fühlen und denken, denken, denken, nicht spielen." – „Was Sie da oben singen, klingt wie eine Fabrikspfeife", sagt sie zu einer anderen, „können Sie das nicht im Kopfklang nehmen? Mit dem haben wir früher unendlich viel erreicht. Nehmen Sie Irmgard Seefried oder Tiana Lemnitz, die hatten eine Kopfstimme, die im Pianissimo sogar in den größten Sälen bis in die letzte Reihe trug."

Spätestens nach einem Unterrichtsvormittag weiß man, was für die Schwarzkopf zum Allerheiligsten des Gesangs gehört: eine leuchtende Kopfstimme, eine natürlich deklamierende und doch pingelig genaue Aussprache – und eine makellose Legato-Technik. Das gebundene Gleiten von Ton zu Ton auf einem Vokal kann ihr nie breit genug sein. Am liebsten hätte sie alles legatissimo. Alte Schule eben. Wie das in Hugo-Wolf-Liedern klingt, kann man auf dem Mitschnitt eines berühmten Salzburger Liederabends von 1953 hören: Wilhelm Furtwängler sitzt als Begleiter am Flügel, sein Spiel tönt wie aus dem mystischen Abgrund von Bayreuth herauf. Darüber leuchtet, mit breitesten Tempi, der typische Elisabeth-Schwarzkopf-Sound.

In Stuttgart tun sich die Studenten mit dem Legato schwer. Wieder und wieder konzentrieren sie sich und wagen eine neue Version, bis die Schwarzkopf ein überglückliches „So ist es“ seufzt. Oder die dramatische Tonlage wählt: „So geht es nicht. Eine unglückselige Lehrerin wird sich damit herumschlagen müssen. Schlafen Sie mal drüber, vielleicht passiert dann etwas in Ihrem Gehirn. Ein bisschen Gehirn braucht man schon zum Singen.“ Treffer, versenkt.

Hugo Wolf hat seine Lieder selbst oft für andere gesungen, vom Klavier aus, mit einer ungeschulten, rauen Stimme. Man kann erahnen, dass die Musik dabei ohne die Finessen des Liedinterpretentums auskommen musste. Trotzdem waren die Zuhörer fasziniert. Oder gerade deswegen? Womöglich hat auch der Ausdrucksmanierismus der Liedinterpreten, für den Wolfs Kompositionen in ihrer Verdichtung besonders anfällig sind, dazu beigetragen, dass uns dessen Œuvre heute so fremd erscheint – neben der zumindest auf den ersten Blick arg biedermeierlich anmutenden Welt der Texte, die bei Mörike vom Knaben und dem Immlein, der Nixe Binsefuß oder dem Zitronenfalter im April handeln. Die Verkunstung der Kunst als Problem: Das Ethos der literarischen Sprache, ihr hoher Deklamationston, die akribische Wort-für-Wort-Exegese lässt den Liedgesang in unserer prosaischen Gegenwart wie eine gespreizte und altmodisch geschraubte musikalische Praxis erscheinen. Nirgendwo wird das so deutlich wie bei Wolf. Andererseits: Wenn der Imperativ aus einem seiner Mörike-Lieder – „Denk' es, o Seele!“ – tatsächlich umgesetzt wird, kann Wolf bis heute sehr ergreifend klingen. In Stuttgart hat der Isländer Agust Olafsson die *Michelangelo-Lieder* gesungen. Plötzlich waren eine Konzentration und eine Stille zu spüren, wie sie Wolf beim Komponieren immer verzweifelt gesucht hat. Kindern nahm er auf der Straße das Spielzeug ab, um Ruhe zu finden, und in den Wanduhren baute er die Pendel ab. Gurrende Tauben vor dem Komponierfenster ließ er abknallen, und auf einer Zugfahrt stopfte er sich Brotkrumen in die Ohren, die ihm ein Arzt wieder herauspulen musste. Fortan trug er Ohrstöpsel der Marke Antiphon.

Beim Vortrag des isländischen Bassisten hätte er sie bestimmt herausgenommen. Ganz suggestiv phrasiert er in großen Spannungsbögen. „Alles endet, was entstehet, alles, alles rings vergeht.“ Skelettierte Akkorde, fahle Klänge. „Und die wir zu Enkeln hatten, schwanden wie bei Tag die Schatten.“ Plötzlich ist auch Frau Schwarzkopf milde gestimmt. „Sehr schön“, sagt sie, „aber so düster können wir nicht aufhören.“ Agust muss noch etwas anderes singen: „Am frisch geschnittenen Wanderstab, wenn ich in der Frühe so durch Wälder ziehe …“ Aber die Michelangelo-Stimmung will nicht mehr weichen: Alles endet, was entstehet.

Bildnachweis

10 Angus McBean/EMI Classics
13 ullstein bild
15 ullstein bild/KPA Legends
16 Reg Wilson/EMI Classics
19 Getty Images
20 Interfoto/JAS1
25 picture-alliance/akg-images
28 picture-alliance/akg-images
31 Getty Images
36 ullstein bild
44 Ellinger/EMI Classics
49 Interfoto/ Archiv Friedrich
52 Roger Viollet/ullstein bild
56-57 Michael Herdlein

DIE ZEIT Klassik-Edition

Musik zum Lesen und Hören

Band 01 | Yehudi Menuhin
Brahms, Bruch: Violinkonzerte
ISBN 3-476-02201-3

Band 02 | Herbert von Karajan
Sibelius: Sinfonien Nr. 2 und 5
ISBN 3-476-02202-1

Band 03 | Elisabeth Schwarzkopf
Richard Strauss: Vier letzte Lieder, Szenen aus „Der Rosenkavalier"
ISBN 3-476-02203-X

Band 04 | Sabine Meyer
Mozart und Weber: Klarinettenkonzerte
ISBN 3-476-02204-8

Band 05 | Sergiu Celibidache
Bruckner: Sinfonie Nr. 4 Es-Dur „Romantische"
ISBN 3-476-02205-6

Band 06 | Pablo Casals
Bach: Suiten für Cello solo
ISBN 3-476-02206-4

Band 07 | Martha Argerich
Schumann, Bartók, Prokofjew: Klavierkonzerte
ISBN 3-476-02207-2

Band 08 | Roger Norrington
Wagner: Vorspiele und „Liebestod"
ISBN 3-476-02208-0

Band 09 | Nigel Kennedy
Vivaldi: Die vier Jahreszeiten, Mendelssohn: Violinkonzert
ISBN 3-476-02209-9

Band 10 | Wilhelm Furtwängler
Beethoven: Sinfonie Nr. 9
ISBN 3-476-02210-2

Band 11 | Maria Callas
Wahnsinns-Szenen von Donizetti, Bellini und Thomas
ISBN 3-476-02211-0

Band 12 | Simon Rattle
Strawinsky: Le sacre du printemps, Janáček: Sinfonietta
ISBN 3-476-02212-9

Band 13 | Maurizio Pollini
Chopin: Klavierkonzert Nr. 1, Nocturnes, Balladen, Polonaisen
ISBN 3-476-02213-7

Band 14 | Jacqueline du Pré
Elgar: Cellokonzert, Brahms: Cellosonate F-Dur
ISBN 3-476-02214-5

Band 15 | Leonard Bernstein
Berlioz und Milhaud: Orchesterwerke
ISBN 3-476-02215-3

Band 16 | Alban Berg Quartett
Schubert: Streichquartette Nr. 10 und Nr. 14 „Der Tod und das Mädchen"
ISBN 3-476-02216-1

Band 17 | Dietrich Fischer-Dieskau
Schubert: Winterreise, Die Forelle, Erlkönig
ISBN 3-476-02217-X

Band 18 | Mariss Jansons
Schostakowitsch: Sinfonie Nr. 5, Klavierkonzert Nr. 1, Jazz-Suite Nr. 1
ISBN 3-476-02218-8

Band 19 | Mstislaw Rostropowitsch
Dvořák und Schumann: Cellokonzerte
ISBN 3-476-02219-6

Band 20 | Otto Klemperer
Mahler: Sinfonie Nr. 2 c-Moll „Auferstehung"
ISBN 3-476-02220-X

Gesamtreihe: Die ZEIT Klassik-Edition
ISBN 3-476-02200-5

Im Internet unter:
www.zeit-klassikedition.de